LA LOI BELGE

SUR LES

UNIONS PROFESSIONNELLES

PAR

A. CASTELEIN, S. J.

(Extrait de *LA RÉFORME SOCIALE*)

PARIS

AU SECRÉTARIAT DE LA SOCIÉTÉ D'ÉCONOMIE SOCIALE
54, RUE DE SEINE, 54

1898

SOCIÉTÉ INTERNATIONALE D'ÉCONOMIE SOCIALE

La Société, fondée par Le Play, s'est constituée le 27 novembre 1856, pour remplir le vœu exprimé par l'Académie des sciences, en couronnant l'ouvrage intitulé les *Ouvriers européens*. Elle applique à l'étude comparée des diverses constitutions sociales la méthode d'observation, dite des monographies des familles. Elle reproduit les monographies les plus remarquables dans le recueil intitulé les *Ouvriers des deux mondes*, et publie le compte rendu *in extenso* de ses séances dans la *Réforme sociale*, bulletin de la *Société d'économie sociale et des Unions*.

La *Société d'Économie sociale* se compose de *Membres honoraires* versant une cotisation de 100 francs par an, au minimum, et de *Membres titulaires* payant 25 francs. L'un et l'autre de ces deux prix donnent droit à recevoir la *Réforme sociale*, qui est adressée à tous les Membres deux fois par mois, le 1er et le 16 ; et les *Ouvriers des deux mondes* qui paraissent par fascicules trimestriels.

De 1865 à 1885 le *Bulletin* des séances forme 9 vol. in-8° avec tables méthodiques. La collection complète (rare) : 68 francs. — Depuis 1886, le *Bulletin* est remplacé par la *Réforme sociale*.

LES UNIONS DE LA PAIX SOCIALE

Les *Unions* ont pour but de propager et de mettre en pratique les doctrines de l'*École de la paix sociale* Elle sont réparties par petits groupes en France et à l'étranger. Leur action s'exerce par l'intermédiaire de CORRESPONDANTS locaux.

Les membres sont invités à transmettre au secrétariat général les faits qu'ils ont pu observer autour d'eux, ou les renseignements qui sont parvenus à leur connaissance. Ces communications sont, suivant leur importance, mentionnées ou reproduites dans la *Réforme sociale*.

Les *Unions* se composent de membres *associés* et de membres *titulaires*. Les membres *associés* versent une cotisation annuelle de 15 francs (France et étranger) qui leur donne droit à recevoir deux fois par mois la *Réforme sociale*, *bulletin* de la *Société* et des *Unions*. Les *membres titulaires* concourent plus intimement aux travaux qui servent de base à la doctrine des *Unions* ; ils payent, outre la cotisation annuelle, un droit d'entrée de 10 francs au moment de leur admission, et reçoivent, en retour, pour une *valeur égale* d'ouvrages choisis dans la *Bibliothèque de la paix sociale* et livrés au prix de revient.

Pour être admis dans les *Unions de la paix sociale*, il faut être présenté par un membre, ou adresser directement une demande d'admission au Secrétaire général, rue de Seine, 54, à Paris. — Les noms des membres nouvellement admis sont publiés dans la *Réforme sociale*.

COMITÉ DE DÉFENSE ET DE PROGRÈS SOCIAL

La *Réforme sociale* publie *in extenso* la plupart des conférences faites sous les auspices du *Comité de défense et de progrès social*. Chacune des conférences de 1895, 1896 et 1897 a été éditée, en vue de la propagande, en une brochure in-18 au prix de **Cinq centimes**. (Envoi *franco* à partir de 10 exemplaires).

CONGRÈS ANNUEL

DE LA

SOCIÉTÉ D'ÉCONOMIE SOCIALE ET DES UNIONS DE LA PAIX SOCIALE

FONDÉES PAR F. LE PLAY

XVIIᵉ SESSION. — 8-15 JUIN 1898

LA LOI BELGE

SUR LES

UNIONS PROFESSIONNELLES

PAR

A. CASTELEIN, S. J.

(Extrait de *LA RÉFORME SOCIALE*)

PARIS

AU SECRÉTARIAT DE LA SOCIÉTÉ D'ÉCONOMIE SOCIALE

54, RUE DE SEINE, 54

1898

LA LOI BELGE SUR LES UNIONS PROFESSIONNELLES [1]

Messieurs,

En me levant au milieu de vous, je ne songe pas à vous offrir des explications ou des excuses. Votre excellent secrétaire général, qui sait faire office de général comme de secrétaire, m'a assigné ce poste. J'obéis à la consigne. C'est à lui, si tel est votre désir, à s'expliquer ou à m'excuser auprès de vous. Quant à moi, je crois pouvoir compter sur vos oreilles indulgentes et vos cœurs bienveillants, car je viens d'un pays ami ; je représente une société qui se glorifie d'être apparentée à la vôtre ; je vous apporte des idées trouvées en grande partie dans le sillon de lumière que laisse votre École ; et je suis uni à vous dans le culte de ce beau et grand nom de Le Play, de ce nom qui sonne clair comme l'honneur même de la France chrétienne, quand elle remplit sa plus haute mission, qui est d'orienter les hommes, par la science et les exemples, vers les nobles progrès et les bienfaisantes libertés.

Entrons donc avec confiance dans notre sujet.

J'essaierai, Messieurs, de vous dire ce qu'*est* et ce que *vaut* notre loi toute récente sur les unions professionnelles. Après l'avoir expliquée avec le plus de précision possible en elle-même et dans les considérants qui en éclairent les différentes parties, je la placerai dans le milieu où elle doit fonctionner pour en apprécier les caractères et les effets.

Pour l'expliquer avec clarté, ayons recours à la méthode analytique, et voyons successivement pour qui la loi est faite, — pour quelle fin elle est faite, — ce qu'elle permet dans l'ordre de sa fin, — et ce qu'elle défend comme contraire à sa fin. Passons lentement par cette ligne de jalons.

Pour qui la loi a-t-elle été faite ?

Elle a été faite exclusivement pour « les personnes exerçant

---

[1] La communication du R. P. Castelein sur la loi récente belge des Unions professionnelles, a été applaudie dans la séance du 10 juin du Congrès annuel de la Société d'Économie sociale. On trouvera dans la livraison du 16 juillet 1898 de *la Réforme sociale* (ci-dessus, p. 149-152) un résumé de l'intéressante discussion qu'elle a provoquée. (*Note du Secrétariat.*)

dans l'industrie, le commerce, l'agriculture ou les professions libérales *à but lucratif* soit la même profession ou des professions similaires, soit le même métier ou des métiers qui concourent à la fabrication des mêmes produits ».

La loi ne s'étend donc pas aux associations d'enseignement et de bienfaisance. Malgré de généreuses réclamations en faveur des « professionnels de l'intelligence et du cœur », ceux-ci ont été écartés du bénéfice des dispositions de la loi. Pourquoi ? D'aucuns disent pour rendre la loi plus homogène ; d'autres prétendent que ce fut par égard pour quelques naïfs libéraux, qui craignent autant le spectre noir de la main-morte cléricale que le spectre rouge de la collectivité socialiste.

La fin de cette loi a été précisée avec une grande netteté. L'étude, la protection et le développement des intérêts professionnels des Unions constituent le *but exclusif* de leur activité; et le chef du cabinet, donnant à cette formule sa dernière précision dans une séance du Sénat (17 mars 1898), a proclamé « que leur but ne peut être que l'intérêt de leurs membres pris *individuellement* », par opposition à la communauté d'intérêts qui est de l'essence des sociétés commerciales. La loi n'a donc pas voulu que l'intérêt individuel pût être absorbé par un intérêt collectif. Elle a nettement distingué et même séparé le régime corporatif du régime coopératif.

Ce but ainsi défini domine et inspire toutes les dispositions de la loi. Il en est l'unique raison d'être. C'est ce dont nous nous rendrons compte aisément dans l'examen successif des privilèges et des prohibitions qu'elle renferme.

La loi accorde aux Unions professionnelles non seulement l'*existence civile* que possèdent d'autres associations, par exemple les sociétés anonymes, qui constituent un être juridique avec capacité d'ester en justice et de posséder en nom collectif; elle leur accorde la pleine *personnification civile*, consacrant le droit de recevoir des libéralités et de vivre à perpétuité, si elles le désirent. L'octroi de la personnification civile sans limitation de durée se justifie par la permanence de l'intérêt professionnel comme l'a affirmé le chef du cabinet contre des sénateurs qui voulaient limiter ce privilège à trente ans. Pour donner satisfaction au besoin permanent de défendre l'intérêt professionnel des travailleurs contre les obstacles et les abus qui se renouvelleront toujours, il faut des orga-

nismes permanents. Mais à raison même de cette perpétuité relative, l'action des Unions professionnelles doit être restreinte à
ce qui, par essence, est perpétuel dans l'intérêt de la profession
ou du métier exercé individuellement.

Puis la loi, tout en défendant aux Unions d'exercer elles-mêmes
ou profession ou métier leur permet des opérations de vente et
d'achat en gros, mais au nom et pour le profit personnel de
chaque membre, sans bénéfice quelconque au profit de l'Union.
De même, l'Union peut posséder des marques de fabrique ou de
commerce pour l'usage individuel de ses membres. Elle permet
cet usage aux conditions de son règlement et sous son contrôle,
sans qu'ici encore elle puisse en percevoir un bénéfice à son profit.
L'Union a la faculté d'admettre des femmes et des membres non
professionnels à sa direction ; mais les trois quarts au moins des
dirigeants doivent être effectifs.

Tout le fonctionnement des Unions doit être réglé *en grand détail*
par les statuts, qui doivent mentionner notamment, outre l'objet
précis de l'union, les conditions mises à l'entrée et à la sortie des
différentes catégories de membres ; le genre de placement des
fonds sociaux, qui pour motif de sécurité et de stabilité ne peuvent
comprendre des parts ou des actions dans des sociétés commerciales ; le mode de règlements des comptes ; la procédure à suivre
pour les cas de modification ou de revision des statuts ou de dissolution de l'Union ; les sanctions que l'Union est autorisée à édicter, le cas échéant, pour l'observation de ses règlements ; enfin
l'engagement de rechercher de commun accord avec la partie
adverse les moyens d'aplanir, soit par la conciliation soit par
l'arbitrage, tout différend intéressant l'Union et portant sur les
conditions du travail. Ces statuts doivent être soumis à l'autorisation de l'administration ; toutes ces dispositions, comme je le ferai
remarquer plus loin, sont destinées à assurer aux Unions une
organisation pratique et durable, conforme à leur grande fin, qui
est la protection des intérêts généraux du travail et du droit personnel des travailleurs.

Dans cette même fin, et en vertu du principe même de la personnification civile, la loi autorise les Unions à ester en justice
pour la défense des droits individuels que ses membres tiennent
de leur qualité d'associés, et elle leur permet de posséder en
propriété ou autrement « les immeubles nécessaires à l'établis-

sement de leurs locaux de réunions, bureaux, écoles professionnelles, bibliothèques, collections, laboratoires, champs d'expériences, abris pour bestiaux, machines et instruments, bureaux de
placement, bourses de travail, ateliers d'apprentissage, hospices
et hôpitaux ». Cette énumération plantureuse prouve que notre
loi est très large ; mais d'autre part cette énumération est *limita-
tive*. Les immeubles que peut posséder l'Union sont restreints à
ses besoins. Ils ne peuvent jamais servir à réaliser des bénéfices.
Le législateur a même refusé aux instances des démocrates les
ateliers de chômage, de peur qu'ils ne devinssent permanents et ne
constituassent une forme d'industrie coopérative.

Un autre article de la loi permet aux Unions, également en vertu
du privilège de la personnification civile, de recevoir des dona-
tions entre vifs ou par testament, mais moyennant autorisation
et, pour les immeubles qui seraient compris dans le don ou le
legs, à condition qu'ils soient aliénés. Cette stipulation concorde
avec l'article qui limite sagement les immeubles de l'union à son
usage et ne permet pas d'en faire une propriété à revenus.

Enfin une des dispositions les plus généreuses de la loi et qui
a été vivement combattue par la gauche doctrinaire est l'avant-
dernière, qui étend les privilèges de la personnification civile aux
groupes ou *fédérations* que les Unions similaires voudront former
entre elles pour leur avantage commun. Malgré le péril de voir se
former ainsi des fédérations peut-être trop puissantes et trop redoutables en cas de lutte avec le capital, le gouvernement a eu
confiance dans la liberté d'association, et il a trouvé à bon droit
que la somme des avantages résultant de pareilles fédérations
l'emportait sur la somme des inconvénients auxquels elles pourraient donner lieu.

En déterminant et en précisant les privilèges octroyés par la
loi aux unions professionnelles, j'ai dû nécessairement en mar-
quer certaines limites et restrictions. Mais, pour compléter et
mieux préciser ce travail d'analyse, qui préparera, dans une vue
plus nette, la saine appréciation de notre loi, il faut que je vous
signale à part les dispositions onéreuses ou prohibitives, qui
s'ajoutent aux restrictions déjà indiquées. Ces charges et ces prohibitions ont toutes pour but de protéger la liberté individuelle
des membres, les droits des étrangers et l'intérêt général du travail

ou de la société tout entière, en cas de conflit avec les intérêts particuliers d'une union.

Et d'abord, la loi force l'Union de bien détailler, dans des statuts dont le pouvoir se réserve le contrôle et l'approbation, les avantages qu'elle fait espérer à ses membres et les obligations, soit absolues, soit conditionnelles qu'elle leur impose ainsi que les sanctions qu'elle y ajoute. On n'y entre donc que dûment informé. De plus, chaque associé garde le droit de se retirer à tout instant de l'Union, et celle-ci ne peut, le cas échéant, lui réclamer que la cotisation échue et la cotisation courante. Aussi peut-on toujours se soustraire aux sanctions pénales en quittant l'Union ; car ces sanctions ne peuvent donner lieu à une action civile. Ensuite, la dissolution des Unions peut être prononcée par les tribunaux non seulement à la demande du ministère public, mais à celle de tout intéressé, — après une mise en demeure avec délai de trois mois, — pour toute violation des prescriptions de la loi ou des statuts qui règlent les opérations de la société, ou la composition de ses membres ou l'emploi de ses biens ou enfin la constitution même du comité directeur. En outre, pour prévenir ou réprimer à temps tout abus, l'administration exige chaque année, outre la liste des membres, les comptes détaillés des recettes, des dépenses et des principales opérations de l'Union.

Les garanties en faveur de la liberté et des droits personnels des membres sont si bien assurées dans notre loi que je doute beaucoup que le parti socialiste en fasse grand usage. Il en trouvera les prescriptions et les contrôles trop gênants pour les mesures despotiques dont il est coutumier.

Autre restriction à l'autorité trop absolue des Unions : si on leur permet de décider que leurs membres ne travailleront qu'à un salaire déterminé et que ceux qui contreviendraient à cette stipulation seront frappés d'une amende, par contre on leur interdit de porter la défense de travailler avec des ouvriers non syndiqués. Cette défense en effet qui frapperait d'ostracisme les travailleurs non syndiqués, est censée porter une atteinte directe à la liberté du travail. Elle reste condamnée par l'article 310 de notre code pénal.

Malgré tous les efforts faits par les socialistes et les démocrates pour sacrifier cet article à ce qu'on a nommé le droit des syndiqués de travailler comme il leur plaît, le gouvernement et la

droite l'ont maintenu et, à mon avis, avec raison. Si chacun en
effet a le droit individuel de ne pas vouloir travailler avec telle
personne ou dans telle condition déterminées, on ne peut trans-
porter ce droit dans son étendue illimitée à cet être collectif
qui s'appelle un syndicat, forcé d'obéir au mot d'ordre de sa
direction. Les limites du droit collectif que concède le pouvoir par
l'action de la personnification civile aux syndicats, doivent être
fixées par ce même pouvoir, conformément à l'intérêt général et
au droit supérieur des individus. Voilà pourquoi j'estime que le
législateur a bien fait de maintenir debout, en face des despo-
tismes toujours possibles des syndicats, l'article 310 du code
pénal.

En cas de dissolution soit forcée, soit libre de l'union, l'actif
net — déduction faite, s'il y a lieu, du montant des dons et des
legs, qui font retour au disposant ou à ses héritiers, si le droit de
reprise a été stipulé dans l'acte constitutif de la libéralité — est
attribué à une œuvre similaire ou connexe désignée soit par les
statuts soit par une décision de l'assemblée générale. A défaut de
cette désignation, les biens de l'Union sont recueillis par l'État
pour être affectés à l'enseignement professionnel. On a rejeté,
malgré de vives instances, le système du partage entre les membres, pour prévenir des tentations naturelles de cupidité qui pourraient compromettre le but et la durée des Unions.

Faisons encore remarquer, Messieurs, pour ne rien déguiser des
restrictions de la loi, que la propriété perpétuelle des immeubles
qui servent à l'Union, ne jouit pas, à proprement parler, du
bénéfice de la mainmorte. Pour compenser la part du fisc dans les
droits de succession et de mutation qui frappent les immeubles
d'ordre privé, il est perçu au profit de l'État une taxe annuelle de
4 % du revenu cadastral des immeubles appartenant aux Unions
professionnelles et cela sans préjudice des droits ordinaires de
l'impôt foncier. On trouvera peut-être cette disposition de la loi
peu généreuse; mais à quel titre réclamerait-on du fisc cette géné-
rosité d'exception, qui un jour pourrait lui coûter bien cher?

Restent, Messieurs, trois grandes prohibitions, que socialistes
et démocrates ont vivement reprochées à la loi : *pas de politique, pas
de commerce, pas de mutualités.* Avec ces trois formules dont ils ont
changé le timbre, les socialistes ont essayé de sonner le glas de la
loi. Rendons-en le vrai son. Ce n'est pas un son de glas ou de
tocsin.

Et d'abord pas de politique : les Unions, qui veulent bénéficier des privilèges de la loi, ne peuvent se jeter dans la mêlée des partis politiques ; elles ne peuvent pas imposer à leurs membres une liste de candidats pour les mandats politiques ; elles ne peuvent surtout pas faire servir l'argent de leurs caisses, c'est-à-dire des cotisations ou des dons recueillis pour l'intérêt économique de la profession, à la propagande politique. Le législateur a mis comme condition aux privilèges qu'il octroyait le principe de la distinction radicale entre l'ordre politique et l'ordre économique. C'est là selon moi un principe d'honnêteté politique et de prudence économique. Les membres de l'Union resteront individuellement libres de patronner et d'élire les candidats politiques de leur choix, et ils n'auront pas à craindre qu'on les combatte avec l'argent de leurs cotisations consenties pour un autre but. D'autre part, les protecteurs de l'Union seront d'autant plus généreux dans leurs dons ou leurs legs, qu'ils seront plus rassurés contre tout péril de gaspillage ou d'abus.

La seconde formule : *pas de commerce*, rentre encore dans la fin des Unions. Le gouvernement, appuyé sur la droite conservatrice, n'a toléré aucune opération d'industrie collective ni aucune mesure commerciale qui eût pour but l'enrichissement de l'Union. Il a voulu proscrire de la direction tout esprit de spéculation et de lucre pour la renfermer dans sa sphère naturelle qui est la protection de l'honneur et des intérêts de la profession. Il a voulu en même temps que l'esprit de *solidarité sociale* qui en doit unir tous les membres ne se confondît jamais avec l'esprit de *collectivité économique*. Il a jugé que cet esprit pourrait pousser une majorité plus imprudente à organiser au sein de l'union, avec l'argent de tous et contrairement à la volonté et aux intérêts de la minorité plus prudente, une de ces coopératives de production, dont l'histoire est si lamentable, parce que la direction en est si difficile, l'aléa si grand et la ruine si désastreuse pour les membres associés.

L'idée au contraire des démocrates est de voir réunis entre les mêmes mains, par la coopération de production, le capital et le travail, et d'y voir du même coup égalisées les conditions de la richesse. Aussi ont-ils opposé, durant la discussion de la loi, à la devise des socialistes « la mine à l'Etat », leur « devise la mine aux mineurs ». Mais un de nos députés les plus éclairés, M. de Lants-

heere a dit avec raison de cette devise et de cet idéal que c'est
« la décentralisation du collectivisme ». Le gouvernement et la
droite n'en veulent pas, et surtout ils n'ont pas voulu que les
Unions professionnelles pussent servir d'instrument à la réalisation de ce programme qui ne saurait se réclamer d'aucun principe
de justice sociale et qui a contre lui les lois inéluctables de
l'ordre économique et des inégalités naturelles que Dieu a voulues
parmi les hommes. Aux efforts passionnés des députés démocrates
pour faire triompher leur principe, le chef du cabinet a dit avec
une sage énergie : « C'est là une voie dans laquelle nous ne voulons
pas entrer », et il a terminé son discours par cette déclaration
catégorique : « Si pour le malheur du pays l'amendement de l'ho-
norable M. Helleputte venait à être voté par la Chambre, notre
devoir serait de le combattre devant le Sénat, et, si nous ne par-
venions pas à faire prévaloir notre système devant l'autre assemblée, nous nous verrions dans la nécessité de retirer le projet de
loi. »

La droite conservatrice a applaudi dans cette fière déclaration la sagesse, l'esprit de suite et le courage d'un véritable
homme d'État. J'associe volontiers à cet éloge celui que mérite notre
ministre de l'industrie et du travail, qui avec tant d'équité et de fer-
meté a su concilier les droits des ouvriers avec ceux des patrons.
Mais, dira-t-on, n'est-ce pas là du despotisme ? Non, Messieurs : le
despotisme est une violation de la liberté, soit des individus, soit
des associations. Or ici il n'y a rien de semblable. Liberté reste
comme avant aux ouvriers et aux bourgeois qui le veulent de créer
telle coopérative de production à leur choix ; ils peuvent, pour le
faire, recourir au régime de la société anonyme. Ce qu'on leur
refuse, c'est l'octroi d'un privilège d'exception pour détourner les
Unions professionnelles de leur but et de leurs destinées naturelles. Où est ici la violation de la liberté?

Mais, dira-t-on encore, les coopératives de consommation n'offrent pas le même aléa et ne poursuivent pas le même principe
d'égalitarisme que les coopératives de production. Elles ne visent
pas au nivellement dans l'acquisition de la richesse, mais à une
diminution commune de dépenses dans l'usage inégal d'une
richesse inégale. Sans doute, Messieurs, la différence entre les
deux espèces de coopératives est radicale. Mais je ferai remarquer
que si certaines coopératives de consommation sont faciles à admi-

nistrer et sont même très utiles, comme les boulangeries, parce que le travail en grand avec le pétrin mécanique réduit considérablement les frais généraux, d'autres comme les boucheries ou les brasseries coopératives, qui requièrent des qualités supérieures pour en assurer le succès, offrent cependant un aléa très considérable. Le gouvernement, fidèle au but précis des Unions professionnelles, n'a pas permis que leur organisme et leur caisse servît à ce genre de services. Il a trouvé qu'une caisse et un organisme distincts répondent mieux au principe moderne de la division du travail et de la distinction des sollicitudes et des intérêts.

C'est pour ce même motif aussi, messieurs, que tout en encourageant, par tant de mesures déjà prises, les mutualités, il a voulu que celles-ci eussent également leurs organismes et leurs caisses séparés. Les Unions professionnelles seront comme le noyau autour duquel se grouperont naturellement plusieurs de ces mutualités, elles y trouveront la plupart de leurs membres, mais ces membres seront volontaires; elles y trouveront une direction apte, mais cette direction sera librement choisie par ces membres volontaires; elles y trouveront une protection et un encouragement perpétuels, mais sans confusion ni solidarité trop étroite, pour que les abus toujours possibles d'une de ces institutions ne déteignent pas sur l'autre et surtout que la ruine de l'une n'entraîne pas celle de l'autre.

Voilà donc, Messieurs, ce qu'est, considérée dans ses différentes parties et dans les considérants qui les motivent, la loi sur les Unions professionnelles votée en Belgique fin mars de cette année.

Et maintenant demandons-nous ce qu'elle *vaut*. Pour apprécier avec compétence et rectitude de jugement les effets d'ordre économique et social pour lesquels elle a été faite, il nous faut, Messieurs, au préalable, bien connaître et bien juger le milieu économique et le milieu social au sein desquels elle doit produire ces effets. A quoi servirait une loi juste et sage en théorie, si elle était inopérante par son défaut d'adaptation au milieu qu'elle est appelée à améliorer?

Voyons donc quels sont à notre époque les *caractères distinctifs* du travail industriel sous ses différentes formes et puis quels sont les *maux* et les *besoins spéciaux* des travailleurs. En voyant d'une vue large, élevée et sensée ce qui différencie les conditions du travail et les besoins des travailleurs à notre époque de ceux des siècles passés, nous comprendrons mieux ce qui doit différencier les Unions professionnelles des corporations médiévales, même dégagées des abus dont l'aggravation progressive a été si fatale !

L'industrie moderne, messieurs, se distingue de l'industrie médiévale par quatre caractères, le rôle prépondérant de la *science*, de la *machine*, du *capital* et de la *concurrence internationale*.

La science, Messieurs, depuis les grandes découvertes de la physique, de la chimie et de la mécanique, gouverne l'industrie et en transforme sans cesse les procédés. Dans les grands pays industriels, chaque année des milliers d'inventeurs, savants à intuitions géniales ou artisans à modestes essais, ouvrent à l'industrie de nouvelles voies et en améliorent l'outillage. Une statistique très intéressante, fournie par la *Revue de statistique* du 22 mai de cette année, nous apprend que dans les 25 dernières années pour la Belgique seule 104,698 brevets d'invention soit nationaux, soit étrangers ont été délivrés. Le nombre pour la France a été de 182,147; pour l'Angleterre de 199,582; pour l'Allemagne de 103,258, et pour les États-Unis de 485,850.

Sous les inspirations de cette science, la machine étend de plus en plus son règne sur le champ du travail industriel. Ce n'est pas un mal. Loin de là. Ma raison et ma foi dans la Providence se refusent à croire qu'il y ait un seul progrès de l'ordre matériel qui de sa nature soit nuisible à l'humanité, c'est-à-dire produise de sa nature plus de mal que de bien. Ne maudissons, messieurs, ni la science ni la machine fruit de la science. Ne disons pas que l'ouvrier est devenu l'esclave de la machine. Non. C'est faux, ou plutôt que signifie cette métaphore irritante? Ce qui est vrai, c'est que l'ouvrier est forcé de se faire le serviteur de la science et du génie industriel qui a créé la machine. Il ne faut donc pas grandir le rôle de l'ouvrier outre mesure. Le premier rôle sur le champ du travail est, quoi qu'en disent ses flatteurs et ses meneurs, à la science et à la direction intelligente de l'industrie. Grâce aussi à ce progrès scientifique, l'action brutale des muscles est de plus en plus remplacée par la surveillance intelligente des machines, qui sous une direction supérieure travaillent pour l'ouvrier.

En outre, par l'effet de cette puissance sans cesse croissante de la science et de la machine dans le travail industriel, le rôle du capital a considérablement grandi. On comprend de mieux en mieux

que pour réduire l'unité de frais de production et par suite le prix
de revient, ce qui permet de mieux vendre, il faut travailler en
grand et substituer sur beaucoup de points l'immense usine aux
petits ateliers de jadis. Il faut donc mettre en valeur et en risque
de grands capitaux, et comme par suite des progrès techniques, on
est exposé sans cesse à devoir renouveler en tout ou en partie
son matériel, l'aléa du capital engagé se double de l'aléa du capital
subsidiaire. Et ainsi la puissance du capital est indispensable dans
bien des cas à la prospérité stable de l'industrie.

Joignons enfin à cette puissance si grande de la science, de la
machine et du capital, l'action si vaste et si variée de la concurrence avec la fièvre des spéculations et les alternatives des engor-
gements et des contractions du marché international ; quel stimulant pour les généreuses activités, mais aussi quelle source de
sollicitudes et de soucis pour le patron dont le sort, lié à celui
de son usine, est soumis à des périls dont l'ouvrier soupçonne
rarement les conséquences et les répercussions.

Que faut-il conclure de ces différences entre les caractères du
travail industriel à notre époque et aux siècles passés?

D'abord, c'est que les cadres fixes et les règlements étroits des
anciens corps de métier sont devenus chose impossible pour l'industrie au sein de cette instabilité qu'amènent les progrès inces-
sants de la science et les surprises si fréquentes de la concurrence.
Le personnel des métiers et des usines se modifie chaque année
notablement. Les résultats généraux de la grande enquête sur les
salaires et la durée du travail en France (1891-1893) parus au mois
de février dernier en quatre magnifiques volumes richement
documentés, nous apprennent que dans la Seine il faut compter
145 ouvriers ayant passé par l'établissement pour un effectif moyen
de 100 personnes. En province, d'après les réponses de 1,494 éta-
blissements occupant 303,600 ouvriers, ce chiffre serait de 133. Les
statistiques de l'industrie au pays de Charleroi, le centre industriel
par excellence de la Belgique, accusent une instabilité aussi
grande. L'ouvrier est donc bien plus libre que jadis de changer le
lieu et le mode de son travail.

Quant aux petits métiers si dignes d'intérêt, et qui retiennent
encore la moitié au moins de la population industrielle, sans
compter l'agriculture, là encore de grandes transformations s'opèrent. Toutefois ici des distinctions importantes sont à faire. On

peut, au point de vue de la concurrence faite par l'usine et le capital, diviser les petits métiers en trois catégories. Il y a d'abord la catégorie du métier où la main-d'œuvre est assez uniforme et que le machinisme, à raison de sa supériorité dans un travail uniforme, vaincra et éliminera peu à peu, abaissant le prix de vente des produits au-dessous du prix rémunérateur de ces petits métiers. A cet ordre appartiennent la boulangerie, où le pétrin manuel est trop inférieur au pétrin mécanique, et la fabrication du vêtement et du mobilier usuels. Il y a ensuite la catégorie des métiers qui pourront continuer la concurrence contre la grande usine, mais en se perfectionnant et en réduisant leurs bénéfices. A cet ordre appartient la cordonnerie commune. Enfin il y a la catégorie heureusement la plus nombreuse des métiers et des petites industries qui pourront se soutenir en gardant une équitable rémunération devant les progrès du machinisme. Telle est l'industrie des objets à réparer et tant de travaux où l'art et la fantaisie jouent le principal rôle, et que par suite on ne saura jamais plier au mécanisme de la grande usine. Des centaines de métiers les plus intéressants de tous sont ainsi sûrs d'échapper à l'absorption progressive du machinisme et fourniront toujours à la petite et à la moyenne bourgeoisie une nombreuse population.

Les Unions professionnelles seront très utiles à ces différentes catégories de métiers pour en relever la condition, en perfectionner le travail ou en retarder et en adoucir les crises. Mais qui ne comprend qu'ici encore des types uniformes et des cadres rigides et fermés avec l'égoïsme collectif pour principe de vie seraient hors de saison?

Que dire de l'agriculture? Les admirables progrès de la chimie agricole et de l'évolutionisme appliqué à la transformation ou à l'amélioration des espèces végétales et animales ouvrent à cette forme du travail humain, la plus hygiénique, la plus morale, la plus indispensable, la plus féconde et la plus durable de toutes, de magnifiques perspectives d'avenir, mais à une condition, c'est que le paysan n'attende pas sous le mancenilier engourdissant du protectionisme son salut de l'État; qu'il lutte courageusement, avec un cœur vaillant et un esprit ouvert aux progrès de la science agricole, contre la crise actuelle; qu'il fasse de la culture intensive; qu'il s'associe pour acheter en gros ses engrais et ses semences et exporter à frais communs et sous une marque de confiance des produits qui fassent honneur à cette marque ; qu'il se ménage des ressources par le recours aux mutualités et surtout aux admirables caisses Raiffeisen ; qu'il retienne aux champs ses fils bien instruits et bien élevés, pour relever et améliorer par eux sa condition présente ; enfin qu'il leur apprenne à aimer la vie de famille avec le choix d'une femme bonne ménagère et l'acceptation généreuse de nombreux enfants ; et il sera le premier ouvrier du progrès social. Ce beau rôle, messieurs, le paysan isolé et laissé à lui-même ne le saurait remplir ; mais l'Union professionnelle largement conçue avec des statuts simples et pratiques et le principe de fraternité et de solidarité chrétienne au centre, l'y aidera efficacement.

Telle est, messieurs, la situation du travail en nos temps modernes. Voyons quelle est la situation économique et sociale des travailleurs, pour mieux saisir les « desiderata » d'une bonne loi sur les Unions professionnelles et ainsi pouvoir mieux apprécier la valeur de la loi belge.

Le bien-être matériel de l'ouvrier, surtout de l'ouvrier industriel, a doublé depuis cinquante ans. La magnifique enquête de France, que j'ai citée plus haut, le prouve à toute évidence.

En Belgique il en est de même. Un grand nombre de statistiques convergeant toutes vers la même conclusion, établissent que le salaire d'argent de l'ouvrier a doublé en soixante ans et que son salaire réel ou la puissance d'achat de son salaire nominal pour satisfaire à ses besoins, vu la baisse de tant de prix, grâce au machinisme et au libre échange, a suivi le même progrès.

Or, en Belgique la population a pour le moins doublé. Le salaire réel ayant également doublé, on doit dire que la richesse sociale de la classe ouvrière a quadruplé. Comme ce phénomène s'est produit et se maintient pendant que la rente de la terre, l'intérêt des capitaux et le bénéfice des entreprises diminuent, ainsi qu'il en conste par un ensemble de documents irrécusables, on doit conclure avec nos principaux économistes que de plus en plus le travail bénéficie des progrès de l'industrie au détriment du capital et qu'ainsi par la seule poussée des choses dans un milieu qui reste encore plus imprégné d'honnêteté chrétienne qu'il ne semble à première vue, les inégalités des conditions s'adoucissent de plus en plus.

Suit-il de là, Messieurs, que la classe ouvrière soit contente de son sort ? Non. Messieurs. Et pourquoi non ? parce que ses

besoins d'ordre matériel croissent encore plus que ses ressources ;
non encore, parce que plusieurs de ses exigences d'ordre matériel,
comme celles de l'alcool, à raison de 60 litres ou de 120 francs
par ménage ouvrier dans les centres industriels, et parfois
celles d'un luxe insensé, lui sont une cause d'amertume et de
ruine ; non surtout, parce que ses besoins d'ordre moral, les
premiers de tous, sont mal dirigés et mal apaisés : ses croyances
et ses mœurs ont subi de trop graves atteintes pour qu'il en fût
autrement ; non enfin, parce que la politique lui a donné des cour-
tisans qui exaltent ses prétentions et des meneurs qui égarent son
ignorance. L'ouvrier qui pourrait être heureux sous le régime économique actuel, parce qu'il en est le premier bénéficiaire, est mal-
heureux, parce qu'il use les forces de ses bras, de son esprit et de
son cœur à la poursuite d'un rêve orgueilleux et sensuel, d'un
rêve exclusivement tourné vers les jouissances terrestres.

Si, répudiant les décevantes utopies, il se renfermait dans
l'amour de son travail et dans l'honneur de sa profession, avec
l'effort libre et viril pour mieux faire valoir son travail, mieux
régler sa dépense et mieux développer son épargne, il vivrait heureux et trouverait dans les joies de sa famille et les secours de sa
religion la compensation, nécessaire à tous, aux mécomptes de
toute vie et de toute condition.

Eh bien, Messieurs, les Unions professionnelles bien organisées
peuvent contribuer beaucoup à la réalisation progressive de ce
beau programme. Pour cet effet, il faut qu'elles s'adaptent au
milieu où vit et travaille l'ouvrier et qu'elles poursuivent l'apaisement
de ses vrais besoins en cherchant à développer en lui ses propres
ressources. Telle doit être leur grande mission.

A la lumière de ces faits et de ces principes essayons de dire et
ce que ces Unions professionnelles ne doivent pas être et ce qu'elles
peuvent et doivent devenir, surtout dans un petit pays comme la
Belgique à population ouvrière si serrée et si exigeante. Nous
saurons ainsi mieux apprécier la valeur de la loi que j'ai ana-
lysée.

Ces Unions, Messieurs, ne sont pas une panacée devant guérir
par sa vertu propre tous les maux de la classe ouvrière. Bien des
naïfs l'avaient rêvé, et jugeant la loi à travers cette utopie, ils l'ont
proclamée étroite, insuffisante, stérile. Que ces naïfs cherchent leur
panacée. Les hommes pratiques n'en ont cure.

Les Unions ne doivent pas même être considérées comme étant par elles-mêmes un principe de progrès, elles n'en sont qu'un auxiliaire, auxiliaire précieux pourvu qu'on rompe avec les anciens errements. Les vrais principes de progrès seront toujours l'intérêt privé, — la libre initiative, — la responsabilité personnelle, — l'honnête concurrence, — l'entente cordiale entre le capital et le travail, qui tout en étant des puissances différentes sont toutefois par nature des puissances convergentes, — enfin et par dessus tout, la loi de justice et de charité, qui remplace ou du moins corrige au fond des consciences et des cœurs la vieille loi de l'égoïsme dont aucune règlementation ne triomphera par elle-même.

Qu'on demande donc aux lois civiles ou aux organismes qu'elles créent, des freins contre les abus bien définis et suffisamment graves qui lèsent le droit privé ou le bien commun, nous le voulons; qu'on leur demande même un aide et un appui contre certaines faiblesses et certains obstacles trop grands de la liberté humaine, nous l'admettons; mais qu'on leur demande de faire jaillir elles-mêmes la source des fécondes activités et des généreux dévouements qui opèrent les grandes réformes et les vrais progrès de l'ordre social, c'est là méconnaître le fond de la nature humaine et l'ordre de la providence divine.

Les Unions professionnelles ne devraient donc être conçues, ainsi qu'elles le sont dans la loi belge, que comme des stimulants permanents de l'esprit de solidarité et de fraternité professionnelle et comme des organismes aptes à en coordonner les œuvres sur un plan d'ensemble, librement adopté, pour les faire converger vers le bien commun de tous les membres.

Elles ne doivent donc pas reproduire l'*organisation économique* des corporations médiévales avec leurs monopoles oppresseurs, leurs règlements étroits et leurs limitations autoritaires de la concurrence honnête. Mais qu'elles s'inspirent du *principe moral et social* de ces corporations. Que l'esprit de solidarité fraternelle qui respecte la liberté individuelle ne s'y transforme pas en esprit de collectivité confuse et jalouse qui tue la spontanéité et paralyse le progrès. C'est bien là ce qu'a voulu réaliser la loi belge. Si cette loi renferme une réglementation un peu étroite des Unions, c'est tout juste pour les empêcher d'absorber l'initiative et l'intérêt privé des membres. Toutes les restrictions sont contre les abus d'autorité, aucune contre les droits de la liberté.

Le législateur belge n'a pas non plus souhaité que nos Unions devinssent puissantes comme les trade's unions de l'Angleterre et puissent être tentées d'engager contre le capital ces tristes batailles, qui le plus souvent sont encore plus dommageables aux ouvriers qu'aux patrons Assurément, en toute équité, le droit de grève doit être reconnu aux ouvriers. Ce droit même pour être efficace contre le mauvais vouloir ou les trop grandes exigences dé certains patrons, doit avoir pour complément le droit de coalition, entraînant un droit modéré de coercition contre les membres scissionnaires. Il exige même une caisse de chômage, qui devient, en cas de grève décrétée par l'Union, une caisse de résistance. Mais notre gouvernement a voulu éviter que ce droit s'exerçât comme en Angleterre, où il fait éclater en moyenne par an 800 grèves, dont la moitié environ aboutit à la défaite, et où parfois il déchaîne des grèves à ruines gigantesques, comme l'ont été les trois grèves encore présentes à tous les souvenirs, la grève des Dokkers de Londres en 1889, étendue durant un mois à près de 100,000 ouvriers de l'*unskilled labour;* la grève des houilleurs du centre en 1893, où 350,000 ouvriers ont perdu en 16 semaines 112 millions de francs de salaires, tandis que la caisse de chômage a dépensé 25 millions; la toute récente grève des ouvriers métallurgistes, grève souverainement injuste et déraisonnable, qui après avoir fait perdre 5,500,000 journées de salaires et une encaisse de 8 millions de francs, outre 6 millions d'emprunts et 10 millions de secours de toute nature, s'est terminée, comme il était à prévoir, par la soumission complète des ouvriers. Mais l'industrie anglaise avec ses puissants capitaux, son empire colonial si vaste et à ressources illimitées, peut résister à ces multiples heurts et à ces chocs si violents entre le capital et le travail. En Belgique il n'en serait pas de même : de pareilles pratiques auraient les contre-coups les plus funestes sur notre industrie ; et l'exode de nos capitaux, qui cherchent avec raison la sécurité et un bénéfice raisonnable, se précipiterait au grand préjudice de la prospérité du pays et surtout de la classe ouvrière. Réfléchissons-y, Messieurs. Chaque année, dans notre petit pays sans colonies avec une surpopulation si forte le capital doit créer du nouveau travail pour environ 15,000 ouvriers. Comment les capitalistes persisteraient-ils dans cette initiative si nécessaire et toutefois pleinement libre, si nos syndicats ouvriers prenaient l'esprit et acquéraient la force des Unions anglaises ?

« La loi sur les Unions professionnelles, ai-je écrit dans un de mes ouvrages jugé avec trop de bienveillance par *la Réforme sociale*, ne doit pas donner aux ouvriers une épée d'attaque et de combat, mais seulement un bouclier de défense et de protection. A aucune des deux parties, au reste, la loi ne doit donner une épée, mais seulement un bouclier. Si l'une des deux parties se forge hors de son droit une épée pour attaquer le droit de l'autre, que le bouclier forgé par le législateur suffise à l'autre partie pour se couvrir contre l'attaque inique et protéger contre elle ses légitimes intérêts. »

Comment notre loi a-t-elle rempli ce désideratum et, en protégeant le droit de grève, en a-t-elle prévenu ou limité les abus? Rappelons-nous, Messieurs, certaines mesures que mon analyse de la loi a détaillées. D'abord notre loi empêché que la caisse de résistance ne puisse devenir trop puissante. A cet effet, elle ne permet les dons et les legs qu'après autorisation, et elle défend toute opération soit commerciale, soit autre qui puisse être une cause d'enrichissement pour l'Union. Ensuite, elle contraint l'Union à fixer dans ses statuts la quotité des cotisations et des amendes qu'elle prétend percevoir. En outre, elle ne permet d'établir les mutualités qu'à côté et en dehors de l'Union, non au sein de l'Union, de peur qu'en temps de grève, des vannes complaisantes ne s'ouvrent et que l'encaisse des mutualités ne s'écoule dans la caisse de chômage et de résistance. De plus, notre loi proscrit sagement du droit de coalition le droit de boycottage contre les membres non syndiqués, et, enlevant au droit de coercition par amende l'action au civil, elle permet en cas d'abus aux ouvriers tyrannisés de se dérober à ce droit. Enfin, en faisant inscrire dans les statuts l'engagement formel de rechercher de commun accord avec la partie adverse les moyens d'aplanir, soit par la conciliation, soit par l'arbitrage tout différend intéressant l'Union et portant sur les conditions du travail, elle prépare les dénoûments équitables et pacifiques des conflits industriels. Georges Howels, dans son célèbre ouvrage *Trade unionism new and old*, estime que 90 % de ces conflits pourraient être prévenus par des chambres de conciliation mixtes bien organisées et que sur les 10 % restants, 5 ou 6 pourraient être arrêtés par l'arbitrage.

Mais, dans des pays comme la Belgique et la France où règnent généralement de meilleures traditions patronales qu'en Angleterre, mais où par contre le socialisme a pénétré davantage la classe ouvrière, les grèves les plus redoutables sont les grèves politiques, comme l'ont été en France celles de Fourmies, d'Anzin et de Carmaux, fomentées par des politiciens socialistes, et en Belgique l'an passé les grèves du Borinage, et il y a quatre ans, celles du pays de Charleroi pour l'obtention du suffrage universel. Voilà pourquoi notre loi a fermé le plus qu'elle a pu nos Unions professionnelles à la politique et aux politiciens.

Dans cet ordre d'idées, Messieurs, j'aime à proclamer que l'Union mixte restera toujours non seulement le type idéal, mais le vrai type normal des corporations ouvrières. Elle assure le mieux l'entente mutuelle entre patrons et ouvriers, tout en laissant aux uns et aux autres une suffisante protection pour la défense de leurs droits et de leurs légitimes intérêts. Si la loi ne doit pas créer la confusion entre le capital et le travail ou l'absorption de l'un par l'autre, d'autre part, elle ne doit pas favoriser l'état de séparation qui provoque si facilement l'état d'antagonisme. En Belgique surtout, pour les raisons dites plus haut, l'harmonie du capital et du travail est indispensable à la prospérité de l'industrie et du travail.

J'ajouterai, Messieurs, contre les préjugés courants, que l'Union, avec distinction entre les deux ordres, ne doit pas impliquer l'égalitarisme, mais le respect de la hiérarchie. L'ouvrier est, il est vrai, l'égal du patron dans le contrat du travail, car l'ouvrier et le patron ont le droit égal de le conclure librement au mieux de leurs intérêts ; mais l'ouvrier ne saurait être l'égal du patron dans la direction du travail. Je dis plus, à raison des caractères mêmes qui différencient l'industrie moderne de l'industrie médiévale, tels que je les ai établis, le rôle plus considérable de la science, de la machine, du capital et de la concurrence, et à raison du nombre incomparablement plus grand d'ouvriers réunis dans la grande industrie et de la spécialisation plus grande des différents services sous une direction unitaire, l'autorité du patron ou directeur des travaux s'impose au nom d'un droit plus fort et d'une nécessité plus inéluctable que l'autorité des maîtres sur les compagnons ou les apprentis des anciens corps de métiers. Voilà pourquoi je dis qu'on fait mal de vouloir sacrifier ou amoindrir l'autorité patronale au nom d'un pseudo-égalitarisme qui n'a rien de commun avec l'égalité et la fraternité chrétienne. Voyez l'Église catholique. Le Christ en a voulu faire assurément une société de frères, et par l'inévitable force des choses, elle est devenue la société la plus puissamment hiérarchisée qui soit. Considérons en effet tous les échelons, le simple fidèle, le vicaire, le curé, le doyen, le chanoine, le vicaire général, l'évêque, l'archevêque, le primat ou le patriarche et le pape. Quelle hiérarchie avec des formules de respect qui montent en grandissant! Or nous prétendons que cette hiérarchie n'est pas inconciliable avec l'esprit d'égalité et de fraternité qu'inculque l'Évangile. Pourquoi, dans les sociétés humaines, n'en pourrait-il être ainsi?

Eh bien, Messieurs, j'eusse souhaité dans notre loi un texte qui recommandât ce type d'Union mixte et les traditions patronales si utiles à la bonne direction de l'industrie et au bien des ouvriers. Mais j'avoue que ce texte n'y est point nécessaire. La loi en permettant que l'Union admette un quart de membres non professionnels à sa direction, et en exigeant, dans les statuts, la disposition relative à l'entente par la conciliation et l'arbitrage, a rendu l'organisation de l'Union mixte suffisamment aisée.

Demandons-nous maintenant, Messieurs, sans trop pénétrer dans le détail, quelle est la mission de l'Union professionnelle au point de vue social des intérêts de ses membres, et comment nos législateurs la protègent efficacement.

Cette mission est quadruple.

L'Union avant tout est destinée à encourager et à relever aux yeux des ouvriers et en face de la société tout entière, la profession et la condition du travailleur. Le prestige même de l'Union dotée de la personnification civile est comme l'éclatante consécration de l'honneur professionnel!

Ensuite, elle doit protéger les droits et les intérêts légitimes de ses membres dans le contrat du travail et vis-à-vis de la concurrence sans empiéter sur la direction patronale et sur les droits des tiers. Nous avons déjà vu par quelles mesures fortes et prudentes cette seconde mission est sauvegardée.

Troisièmement, elle doit être une ligue d'entente mutuelle et de secours mutuels en faveur du travailleur. Cette ligue veillera à ce que le travail de l'ouvrier devienne plus productif par une capacité professionnelle affinée, grâce aux écoles professionnelles, aux ateliers d'apprentissage, aux champs d'expériences, ou à la diffusion éclairée des progrès techniques. Elle rendra la dépense de ses membres plus utile et leur épargne plus fructueuse par les avantages du régime coopératif pour lequel l'Union peut être un stimulant et un appui. Notre loi a sagement prescrit, comme je l'ai fait remarquer, que les caisses et les organismes des mutualités et des coopératives soient séparés des Unions et que les membres de celles-ci soient libres de n'y point participer. Là où l'entreprise privée ne ménage pas assez les intérêts de la classe ouvrière, une coopérative de consommation facile à gérer comme celle qui a pour objet la vente du pain, du vêtement et du mobilier usuel attirera généralement tous les ouvriers ; une coopérative de production avec l'aléa du libre commerce et du risque professionnel alarmera généralement les prudents. Mais ce que notre loi permet et ce qui est vraiment utile, c'est que l'Union puisse acheter et vendre, non sous forme collective au nom de tous, mais en centralisant les achats et les ventes individuels, et en laissant à chacun son bénéfice personnel, sans autre déduction, pour la caisse de l'Union, que celle des frais de l'opération. La loi belge autorise même la corporation à avoir *sa marque de fabrique*, immense avantage si on en contrôle sévèrement l'usage. La vente du beurre danois, en huit ans, a passé de 3 à 43 millions de kilos sur le marché anglais, grâce à la vigilance et à la sévérité de l'inspection sur les produits revêtus de la marque corporative et fédérative. On voit par cet exemple combien le principe de la solidarité corporative est utile, tout en évitant les périls de la coopération collective. De même, le groupement de l'Union rendra plus facile l'entente entre les ouvriers pour s'assurer les avantages d'une participation commune aux assurances et aux sociétés de crédit, qui avec leur risque inévitable et leur comptabilité si délicate, gagneront à être centralisées dans des organismes plus étendus et plus puissants que ne le seront beaucoup d'Unions surtout dans les petites villes. En outre la fédération permise entre les Unions similaires ou connexes, avec privilège de la personnification civile, étendra et assurera même les bienfaits de l'entente corporative pour la protection des intérêts communs et la participation à ces mutualités.

Enfin la quatrième mission des Unions que nos législateurs ont en vue est de favoriser le bon accord si précieux tant parmi les ouvriers qu'entre les ouvriers et les patrons. Comme l'a dit si justement S. S. Léon XIII, le capital et le travail sont faits par leur nature même pour s'entendre. Il est donc utile de les tenir rapprochés les uns des autres. Le patron est intéressé à avoir une main-d'œuvre honnête, fidèle, vaillante et dévouée, et il sait qu'il ne les aura qu'en remplissant bien ses devoirs vis-à-vis de ses ouvriers : son intérêt même d'accord avec son humanité le portera à aller plus loin que la stricte justice, en soutenant ces belles institutions patronales, qui complètent si heureusement pour les ménages spécialement éprouvés le salaire dû en seule justice. De leur côté, les ouvriers sont intéressés à avoir des patrons aimés et respectés et qui puissent s'employer tout entiers et de bon cœur à la direction de leur industrie et à la tutelle dévouée de leurs intérêts communs. On ne peut reprocher à nos législateurs d'avoir méconnu ou négligé dans leur loi cette mission supérieure des Unions professionnelles.

Il me reste encore, Messieurs, à résoudre deux questions pour bien rendre compte de toute l'économie de notre loi.

Quelle doit être la force du lien corporatif et à qui appartient-il d'organiser ces Unions?

Le lien corporatif doit être assez fort pour qu'une corporation honnêtement dirigée puisse y retenir efficacement tous les travailleurs honnêtes. Mais il ne doit pas être une chaîne d'esclave. Il ne faut pas qu'une corporation malhonnêtement dirigée puisse retenir les ouvriers honnêtes malgré eux, aux dépens de leur liberté et de leur dignité.

Donc il y faut des privilèges sérieux pour y attirer et retenir les ouvriers honnêtes ; mais il n'y faut pas des droits et des privilèges trop grands, dont une direction malhonnête puisse abuser. Il ne faut pas qu'elles soient obligatoires pour l'exercice honnête du métier. Le droit de coercition doit y être limité, de sorte que la sanction des décrets par l'amende ou l'exclusion ne soit ni excessive ni arbitraire. Tombons-en d'accord, Messieurs, les différentes prohibitions insérées dans la loi et les clauses relatives à la dissolution d'une Union à la demande du ministère public ou des intéressés, nous ont prouvé que les privilèges sérieux octroyés aux Unions ne constituent pas une emprise sur la liberté individuelle et sur les droits des tiers.

Enfin on me demandera à qui il revient d'établir et d'organiser ces corporations ?

Je réponds : Ce n'est pas à l'État, mais à la libre initiative encouragée, protégée et aidée par l'État. L'État n'a que des types uniformes qui ne sauraient tous s'adapter à la variété presque infinie des espèces d'industrie, des conditions locales du travail et des habitudes invétérées de certains travailleurs. Les corporations doivent être des organismes vivants. Il convient que le principe vital, qui doit animer les organismes, serve à les former en harmonie avec ses exigences et ses désirs. C'est même là la première fonction du principe vital, c'est de façonner son propre organisme, et ici le principe vital, ce n'est pas l'autorité, c'est la liberté.

Mais s'il en est ainsi, il faudra des siècles pour généraliser le régime corporatif dans le pays. — Va pour un siècle; ce sera un siècle d'útile évolution et de durables progrès, pourvu, bien entendu, que la liberté ait avec elle, outre la protection et l'aide des lois civiles, le concours des croyances et des vertus chrétiennes. Sans ce concours, les Unions professionnelles de l'avenir seraient pires que les compagnonnages du XVIII° siècle : ce seraient les ligues, armées en guerre, de l'égoïsme intransigeant et du socialisme révolutionnaire.

S'il en était ainsi, Messieurs, en Belgique, la faute n'en serait pas à la loi; car notre loi sur les Unions professionnelles est une loi sage, équitable, admirablement adaptée à notre tempérament national et aux conditions spéciales où se trouvent dans notre pays le travail et le capital. Je crois pouvoir avec confiance et fierté la soumettre à vos jugements éclairés.

A. CASTELEIN, S. J.

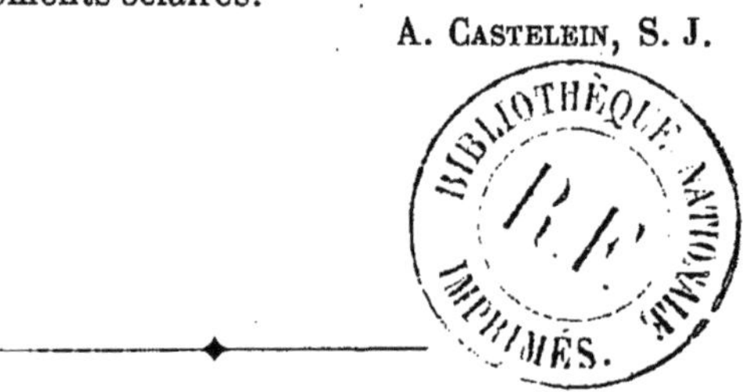

ÉCOLE DE LA PAIX SOCIALE

1re Section. Œuvres de Le Play, éditées à Tours par MM. A. MAME et fils

Les Ouvriers européens. 6 vol. in-8° (vendus séparément)............	39 fr.
La Réforme sociale en France. 7e édition. 3 vol. in-18	5 fr.
L'organisation du travail. 6e édition. 1 vol. in-18................	2 fr.
L'organisation de la famille. 4e édition. 1 vol. in-18............	2 fr.
La Paix sociale après les désastres de 1871. 1 brochure in-18........	0 fr. 60
La Correspondance sociale. 9 brochures in-18................	2 fr.
La Constitution de l'Angleterre. 2 vol. in-18................	4 fr.
La Réforme en Europe et le salut en France. 1 vol in-18............	1 fr. 50
La Constitution essentielle de l'humanité. 2e édition. 1 vol. in-18...	2 fr.
La Question sociale au xixe siècle. 1 brochure in-18................	0 fr. 30
L'Ecole de la paix sociale. 1 brochure in-18................	0 fr. 20

IIe Section. **Publications de la Société d'Économie sociale**

Les Ouvriers des deux mondes. 1re série, 5 vol. in-8°................	80 fr.
2e série; ch. tome 15 fr., t.V, en cours; chaque monographie.	2 fr.
Instruction sur la méthode des monographies. Nouv. édit. 1 vol. in-8°..	2 fr.
Bulletin des séances de la Société d'Economie sociale. 1re série 9 vol. in-8°	68 fr.
La Réforme sociale. 1re série (1881 1885), 10 vol. in 8°............	80 fr.
2e série (1886-1890), 3e série (1891-1895), chac., 80 fr. — 4e série, ch. vol.	7 fr.
Annuaires des Unions et de l'Economie sociale, 5 vol...............	15 fr.
Exp. de 1867. Rapport sur les ateliers qui conservent la paix sociale. in-8°.	1 fr.
La Réforme sociale et le centenaire de la Révolution. Travaux du Congrès de 1889, avec une lettre-préface de M. Taine, et une introduction sur les principes de 1789, l'ancien régime et la Révolution. In-8°(*en petit nombre*)................	10 fr.
Les Unions de la paix sociale leur programme d'action et leur méthode d'enquête, par A. Delaire. secrétaire général des Unions. 6e édit. br. in-32	0 fr. 15

BIBLIOTHÈQUE ANNEXÉE

F. Le Play. Choix de ses œuvres avec une biographie par M. Auburtin et un portrait 1 vol. in-16, cart. LXXIV - 251 pages...............	1 fr. 75
Ch. de Ribbe. Les Familles et la Société en France avant la Révolution d'après des documents originaux : 4e édition, 2 vol. in-12. 4 fr. — La Vie domestique, ses modèles et ses règles. 2 vol. in-12. 6 fr. — Une famille au xvie siècle. 1 vol. in-12. 2 fr. — Le Livre de Famille. 1 vol. in-12. 2fr. — Le Play d'après sa correspondance. 1 vol. in-18. Pour les membres, 1 fr. 60; pour le public................	3 fr. 50
Claudio Jannet. Les Etats-Unis contemporains, avec une lettre de M. F. Le Play : 4e édit., 2 vol. in-12. 8 fr. — Le Code civil et les réformes indispensables à la liberté des familles. 1 br. in-18. 0 fr. 30. — Le socialisme d'Etat et la réforme sociale, 2e édit. 1 vol. in-8°, 7 fr. 50. — Le Capital, la Finance et la Spéculation. 1 vol. in-8°. 8 fr. — Les grandes époques de l'histoire économique, 1 vol. in-12 (pour les membres, 2 fr. 80)................	3 fr. 50
Jules Michel. Manuel d'économie politique et sociale, 1 vol. in-12......	2 fr.
Comte de Butenval. Les lois de successions appréciées dans leurs effets économiques par les Chambres de commerce de France. 4e édit. in-18.	0 fr. 60
Ferrand. Les Institutions administratives en France et à l'étranger. 1 v. 6 fr. — Les Pays libres (ouvrage couronné par l'Institut). 1 vol. in-18.	3 fr. 50
Léon Lefébure. Le Devoir social. 1 vol in-12................	3 fr.
G. Picot, de l'Institut. Un Devoir social et les logements ouvriers. in-18.	1 fr.
Comte de Bousies. Les lois successorales dans la société contemporaine. 1 vol. in-8°, 2 fr. 50. — Le Collectivisme et ses conséquences..	2 fr. 50
P. du Maroussem. La Question ouvrière : 4 vol. in-8° avec trois préfaces de M. Funck-Brentano. — I. Les Charpentiers de Paris; II. Ebénistes du faubourg Saint-Antoine; III. Le jouet parisien; IV. Les Halles. — Ch. vol.	6 fr.
A. Coste. Alcoolisme et Epargne, 2e édition, in-32................	0 fr. 50